Bin bei Oskar.
Bin bei Oskar.

Jana Frey

STEIG NIE IN FREMDE AUTOS EIN!

Mit Bildern von Cornelia Haas

Loewe

www.leseleiter.de

Zu diesem Buch steht eine Lehrerhandreichung zum kostenlosen Download bereit unter http://www.loewe-verlag.de/paedagogen

FSC
Mix
Produktgruppe aus vorbildlich bewirtschafteten Wäldern und anderen kontrollierten Herkünften
Zert.-Nr. IC-COC-100059
www.fsc.org

ISBN 978-3-7855-6889-7
1. Auflage 2010

Umschlagillustration: Cornelia Haas
Reihenlogo: Angelika Stubner
Printed in Germany (017)

www.loewe-verlag.de

Inhalt

Saras Haus
Oskars Haus

Trubel in der alten Villa

Sara und Oskar sind Freunde.
Beste Freunde.
Sie wohnen in derselben Straße.
Beide sind sieben Jahre alt.
Zusammen sind sie 14.
Aber das zählt nicht,
sagt Saras Mama.
Wenn sie etwas unternehmen wollen,
müssen sie vorher fragen. Immer.
Wenn Sara zu Oskar geht,
darf sie einen Zettel schreiben.
Bin bei Oskar.
Dann weiß ihre Mama Bescheid,
wenn sie nach Hause kommt.

Sara wohnt mit Mama
und dem Kaninchen Zwerg Nase
in einem kleinen, gemütlichen Haus.
Oskar wohnt in einer alten Villa.
Es hat sogar ein Turmzimmer.
Darin sind alle Wände rund.
Sara findet Oskars Zimmer toll.
Der Garten von der Villa
sieht fast wie ein Dschungel aus.
Dort wächst alles durcheinander.
Sogar einen Bananenbaum gibt es.

Oskar hat eine sehr große Familie.
Er hat eine Mama, einen Papa und
drei Schwestern. Dazu einen Opa,
zwei Omas, einen Uropa
und Schnauf, den Papagei.
Schnauf gehört Oskars Uropa.
Aber weil alle zusammen
in der Villa wohnen, ist das egal.
Schnauf ist am liebsten bei Oskar.

Uropa ist am liebsten im Garten
in der Hängematte.
Sara ist gerne bei Oskar zu Besuch.
Bei Oskar ist immer was los.
Aber heute kann Sara
Oskar nirgends finden.
Oskars Papa malt auf der Terrasse.
Er ist nämlich Maler.

Oskars Schwester Tati sitzt
mit einem Hut auf dem Kopf
unter der Eiche und liest.
Oskars andere Schwestern
sind noch Babys. Babyzwillinge.
Sie schlafen im Kinderwagen.
Oskars Oma Eins und Opa Eins
streiten sich im Wohnzimmer.

„Du alter Trottel!“, ruft Oma Eins.
„Selber Trottel!“, ruft Opa Eins.
„Wenn überhaupt,
bin ich eine *Trottelin*“,
erklärt Oskars Oma streng.
„Sie streiten gerne“,
hat Oskar Sara einmal erklärt.
Oskars Oma Zwei streitet nie.

Sie hat einen Freund,
der aus Afrika kommt.
Er heißt Lumumba.
Sie sitzen hinten in der Laube.
Oskars Mama arbeitet in der Stadt.
Wie Saras Mama,
wenn Sara in der Schule ist.
„Unter der Woche
passt Papa auf uns auf“,
sagen Oskar und Tati immer.

Aber wenn Oskars Papa malt,
vergisst er die Welt um sich herum.
„Papa! Papa, hör doch mal!“,
können Oskar und Tati dann rufen.
„Ich habe jetzt keine Zeit!“,
ruft ihr Papa zurück. „Geht zu
Opa Eins. Oder zu Oma Eins.
Oder zu Uropa. Oder zur Afrika-Oma.
Oder zu Lumumba!“
Und das tun Oskar und Tati dann.

Wo ist Oskar?

„Wo, bitte, ist Oskar?“,
fragt Sara Oskars Papa.
„Oskar?“, wiederholt Oskars Papa.
„Vielleicht bei seinem Uropa.“
Sara nickt und läuft in den Garten.
Aber der Uropa schläft.
Von Oskar keine Spur.
Aus der Laube kommt Lumumba.
„Weißt du, wo Oskar ist?“,
fragt Sara.
„Vorhin war er bei Oma Eins“,
erwidert Lumumba.
Aber Oma Eins sitzt allein
im Wohnzimmer und strickt.

„Hallo, Sara“, sagt sie freundlich.
„Suchst du Oskar?“ Sara nickt.
„Er ist mit Tati auf dem Speicher“,
erklärt Oma Eins.
„Nein, Tati liest draußen!“,
ruft Opa Eins, der gerade
aus dem Keller gestapft kommt.
Sara schleicht sich schnell davon,
bevor die beiden wieder streiten.

Ratlos steht sie im Garten.
Wo steckt Oskar nur?
Zum Glück kommt
Oskars Mama nach Hause.
„Sara, was machst du denn hier
so ganz alleine?“, fragt sie.
„Ich suche Oskar“, erklärt Sara.
Gerade in dem Moment
kommt Oskar um die Ecke.

Er strahlt über das ganze Gesicht
und trägt einen schweren Sack.
„Oskar, wo warst du?“,
fragt seine Mama.
„Und was schleppst du da?“
„Da ist eine alte Eisenbahn drin“,
erklärt Oskar strahlend.
„Sogar mit einem Bahnhof!“
Oskars Augen leuchten.

„Wo hast du die Sachen her?“,
fragt seine Mama streng.
„Aus dem Keller von Herrn Winter“,
erklärt Oskar.
„Er hat sie mir sogar geschenkt!“
„Du bist mit Herrn Winter
in seinen Keller gegangen?“,
fragt Mama.
Oskar nickt.

„Aber Oskar!“, ruft seine Mama.
„Wie oft haben wir dir gesagt,
du sollst nicht mit Fremden
irgendwo hingehen!“
„Herr Winter ist doch kein Fremder“,
antwortet Oskar verwundert.
„Den habe ich schon
eine Million Mal gesehen.“
„Aber er ist auch kein Freund“,
erklärt Mama.

„Wir kennen ihn nur ein bisschen.
Nur als Nachbarn.
Bevor du mit jemandem mitgehst,
musst du zu Hause fragen.
Das weißt du doch, oder?
Sara muss auch immer fragen."
Oskar senkt den Kopf.
„Das hab ich vergessen",
sagt er leise.
„Weil ich mich so
auf die Eisenbahn gefreut habe."

Oskars Mama nimmt ihn in den Arm.
„Ich verstehe dich“, sagt sie.
„Aber das darfst du nicht vergessen.
Du musst immer erst fragen,
ehe du irgendwo hingehst.
Versprichst du mir das?“
„Klar“, sagt Oskar und nickt.
„Klar! Klar! Klar!
Klar wie Kloßbrühe!“,
schmettert Schnauf
und fliegt auf Oskars Kopf.

Der freundliche Nachbar

Eine ganze Woche spielen
Oskar und Sara
mit der alten Eisenbahn.
Dann steht plötzlich wieder
der alte Herr Winter
am Gartenzaun.
„Oskar!“, ruft er.
Oskar und Sara sitzen im Birnbaum.
Oskar steckt den Kopf
zwischen den Zweigen hervor.
„Ja?“, fragt er vorsichtig.
„Oskar, ich habe noch viele Sachen
für die kleine Eisenbahn gefunden“,
sagt Herr Winter und winkt.

„Willst du mitkommen
und dir die Sachen abholen?“
Oskar schaut Sara an.
„Und was jetzt?“, flüstert er.
„Ich weiß nicht“,
flüstert Sara zurück.
„Oskar?“, ruft Herr Winter wieder.
„Ja …“, sagt Oskar unschlüssig
und rutscht vom Baum ins Gras.

„Ich … ich weiß nicht“, stammelt er.
Da fällt sein Blick
auf die beiden Babys.
„Ich muss auf meine
kleinen Schwestern aufpassen“,
flunkert er schnell.
Herr Winter ist ein netter Mann.
Oskar will lieber nicht sagen,
dass er nicht mit ihm gehen darf.
Dann wäre Herr Winter beleidigt.

„Aber dein Uropa ist doch da“,
sagt Herr Winter und deutet
auf den schnarchenden Uropa
in der Hängematte.
„Ja, aber …“, stottert Oskar ratlos.
„Mir ist das zu anstrengend,
den schweren Sack bis zu dir
in den Garten zu tragen“,
erklärt Herr Winter.

„Ja, aber …“, stottert Oskar weiter.
Gerade da kommen Oma Zwei
und Lumumba nach Hause.
Lumumba ist sofort bereit,
den Sack zu holen.
Oma Zwei bleibt bei den Babys.
Und die Sachen
finden Sara und Oskar genauso toll
wie die alte Eisenbahn.

Der große Bruder

„Nein!“, sagt Saras Mama.
„Bitte, Mama!“, ruft Sara wieder.
„Du hast doch dein Kaninchen“,
erklärt Saras Mama.
„Menno“, murmelt Sara enttäuscht.
Ihre Nachbarin Lea verschenkt heute
ihr letztes kleines Babykätzchen.
Sara und Oskar wollen das Kätzchen
noch einmal ansehen.
Aber da kommt schon
ein anderes Kind mit der Katze
aus Leas Haustür.
„So was Gemeines“, flüstert Sara.
„He, ihr da!“, ruft plötzlich jemand.

Oskar und Sara drehen sich um.
Da steht Leas großer Bruder Jan.
„Wieso guckt ihr so traurig?“
Sara und Oskar mögen Jan.
Er ist immer lustig und freundlich.
Manchmal spielt er mit ihnen
Fußball im Dschungelgarten.
Darum erzählt Sara ihm
von ihrem Katzenkummer.

Und da fällt Jan etwas ein.
„Meine Freundin hat Kätzchen.
Willst du dir dort eins aussuchen?“
Saras Augen beginnen zu leuchten.
„Oh ja, komm, Oskar!“, ruft sie.
Oskar runzelt die Stirn.
„Wo wohnt denn deine Freundin?“,
fragt er vorsichtig.
„Nur um die Ecke“, erklärt Jan.

Oskar zieht Sara zur Seite.
„Wir dürfen nicht weggehen.
Wir müssen erst Bescheid sagen."
„Aber Jan ist doch bei uns",
flüstert Sara zurück.
Oskar kratzt sich am Kopf.
Stimmt, Jan kennen sie besser
als den alten Herrn Winter.
Aber Oskar hat versprochen,
nie mehr wegzugehen,
ohne um Erlaubnis zu fragen.

„Ich komme gleich“, ruft er darum
und flitzt los wie ein Blitz.
Mama ist noch auf der Arbeit.
Papa ist einkaufen gefahren.
Aber was ist mit den anderen?
„Hallo? Jemand da?“, ruft Oskar.
Keiner antwortet.
Das Haus bleibt still.
Oskar saust in den Garten.

„Uropa, wach auf!“, ruft er.
„Wie bitte? Was?“, brummt der Uropa.
„Dürfen wir mit Jan gehen?“,
fragt Oskar eilig.

„Welcher Jan?“,
fragt der Uropa und gähnt.
„Leas großer Bruder“,
erklärt Oskar.
„Ach, der Jan“, murmelt Uropa.
„Ja, geh nur, mein Oskarlein.“
Und schon schläft er wieder ein.
Oskar ist sehr zufrieden mit sich.

Kleine Kätzchen

Die Kätzchen sind sehr niedlich.
Und sie sind noch so winzig,
dass sie noch eine Weile
bei der Katzenmama bleiben müssen.
„Aber aussuchen dürft ihr eins“,
sagt Jans Freundin freundlich.
Das Aussuchen dauert lange.
Draußen wird es schon dunkel.
Endlich entscheidet sich Sara
für das gefleckte Kätzchen.
Sie streichelt es zum Abschied.
Anschließend flitzen Sara und Oskar
mit Jan nach Hause.
Aber was ist denn los?

Warum sind da so viele Leute?
„Sara!“, ruft Saras Mama,
als sie Sara entdeckt.
„Oskar!“, ruft Oskars Papa,
als er Oskar entdeckt.
„Wo wart ihr bloß so lange?“,
schimpfen Oma Eins und Opa Eins.

„Wir waren doch mit Jan weg“,
ruft Oskar und guckt verwirrt.
„Ich habe extra Uropa gefragt!“
Uropa zieht die Schultern hoch.
„Ich konnte mich nicht mehr
genau erinnern“,
brummelt er bedrückt.
Oskars Papa seufzt.
„Wir haben uns Sorgen gemacht“,
erklärt er und nimmt Oskars Hand.

„Aber außer Uropa war keiner da zum Fragen“, verteidigt sich Oskar.
„Ich war zu Hause“, erklärt Saras Mama.
Und dann müssen Oskar und Sara versprechen, immer Mama oder Papa zu fragen, wenn sie aus dem Garten gehen wollen.

„*Uns*, und sonst niemanden!“,
sagt Oskars Papa.
„Und wenn ihr nicht da seid?“,
fragt Oskar.
„Dann bleibt ihr im Garten und
rührt euch nicht von der Stelle!“,
ruft Oma Eins.
„Und jetzt gibt es
Pfannkuchen für alle“,
erklärt Lumumba.

Lumumba backt nämlich
die besten Pfannkuchen der Welt.
Und was macht Saras Mama?
Sie sagt nun doch „Ja“ zu dem
süßen Babykätzchen!
„Danke, Mama! Danke!“,
ruft Sara glücklich.

Kaninchen gesucht

Heute besucht Oskar Sara.
„Wollen wir mit meinem Kaninchen
in den Garten gehen?“, fragt Sara.
Oskar ist einverstanden.
Im Garten ist es warm und sonnig.
Zwerg Nase hoppelt
in seinem Gehege herum.
„Der Arme hat so wenig Platz“,
findet Oskar.
„Wieso?“, fragt Sara.
„Na, würde es dir gefallen,
immer im Käfig gefangen zu sein?“,
erkundigt sich Oskar.
Sara schaut zu Zwerg Nase hinüber.

„Lass ihn doch mal raus!“,
schlägt Oskar vor.
„Wir passen gut auf. Er hoppelt
gar nicht so schnell.“
„Du hast recht“, sagt Sara
und setzt Zwerg Nase ins Freie.
Der schnuppert neugierig.
Aber was ist das?
Als ein Hund am Zaun bellt,
erschreckt sich Zwerg Nase.

Wie eine Rakete zischt er davon.
„Zwerg Nase!“, schreit Sara aufgeregt.
„Bleib da! Hörst du?“
Aber das Kaninchen hört nicht.
Es ist längst verschwunden.
„Schnell, Oskar!“, weint Sara los.
„Wir müssen es suchen!“
Oskar jagt dem Kaninchen hinterher.

„Da ist es langgerannt!“,
ruft Sara und rennt auch los.
Bei den Parkplätzen
steht eine Nachbarin.
„Haben Sie
ein Kaninchen gesehen?“,
fragt Sara atemlos.
Doch die Frau schüttelt den Kopf.
„Komm, Sara, hier lang!“,
winkt Oskar. Sie rennen.

Über den Parkplatz.
Die Straße hinunter.
Am Spielplatz vorbei.
Sara und Oskar suchen überall.
In jedem Gebüsch.
Auf allen Wiesen.
Unter allen Autos.
„Und wenn ich ihn
nie wiederfinde?“, schluchzt Sara.

Der nette Mann

Oskar und Sara wollen
gerade zurückgehen.
Aber dann ist da auf einmal
dieser nette Mann.
„Du suchst dein Kaninchen?“,
fragt er freundlich.
Er hat zugehört, als Sara
die Frau am Kiosk gefragt hat.
Sara nickt traurig.
Der Mann lächelt.
„Keine Angst“, sagt er.
„Ich habe ein Kaninchen gefunden.
Es hoppelte direkt an mir vorbei.
Da habe ich es eingefangen.“

Sara wischt ihre Tränen weg.
„Wo ist es?“, fragt sie aufgeregt.
„In meinem Auto. Ich wusste ja nicht, wem es gehört.“
Sara strahlt, als sie das hört.
„Komm, Oskar!“, ruft sie.
Aber Oskar bleibt, wo er ist.

„Beeilt euch ein bisschen“,
sagt der nette Mann.
„Ich habe noch viel zu tun.“
Sara nickt und beeilt sich,
mit dem Mann Schritt zu halten.
Der geht immer schneller.
Oskar geht langsam hinterher.
„Schnell, Oskar! Zwerg Nase hat
bestimmt schreckliche Angst!“,
ruft Sara ungeduldig.

Der Mann nickt
und nimmt Sara an die Hand.
„Stimmt“, sagt er
und zieht Sara mit sich.
„Da ist mein Auto“, erklärt er
und zeigt auf ein graues Auto.
Schnell schließt er es auf.
„Wo ist mein Kaninchen?“,
fragt Sara verwirrt.

„Vielleicht hat es sich verkrochen“,
meint der Mann.
„Komm, wir suchen es.“
Da hat Oskar plötzlich Angst.
Große Angst.
Was, wenn der Mann lügt?
Was, wenn da kein Kaninchen ist?
Auch Sara zögert auf einmal.
Ihr ist etwas eingefallen:
Sie hat Mama
nicht Bescheid gesagt,
als sie aus dem Garten gerannt ist.
Dabei hat sie das doch versprochen.
„Nein“, sagt sie leise.
Der Mann sieht plötzlich böse aus.
„Los, steig ein“, knurrt er.
Sara bleibt wie angewurzelt stehen.

Da packt der Mann Sara am Arm.
Und was macht Oskar?
Oskar schreit.
„Hilfe!“, schreit er ganz laut.
Ein Mann kommt schnell
aus der Pizzeria gerannt.
Und die Frau aus dem Kiosk.
Und noch ein Mann
mit einem Hund an der Leine.
Und da – da kommt Saras Mama!

Sie schreit auch:
„Sara! Oskar! Hierbleiben!“
Da lässt der Mann Sara los.
Er flucht laut
und springt in sein graues Auto.
Er will schnell wegfahren.
Aber das geht nicht mehr.
Der Mann mit dem Hund
und der Mann aus der Pizzeria
stellen sich vor das Auto.

Die Frau aus dem Kiosk
ruft die Polizei an.
Da fängt Sara an zu weinen.
Oskar muss auch weinen.
Immer mehr Leute bleiben stehen.
„Das war Rettung in letzter Minute“,
sagt ein alter Mann.
Alle sind schrecklich aufgeregt.
Und dann ist die Polizei da.
Sie nimmt den Mann
aus dem grauen Auto mit.

Sara weint und weint und weint.
„Ich wollte doch nur
Zwerg Nase retten“, schluchzt sie.
„Aber der ist längst zurück“,
sagt ihre Mama und streichelt sie.
„Der hatte sich nur versteckt.
Als ich euch suchen wollte,
saß er schon wieder im Gras.“
Saras Mama weint jetzt auch.
Oskars Familie kommt angerannt.

„Oskar!“, schreit sein Papa.
„Geht es euch gut?“
Lumumba ist als Erster da.
Er nimmt Oskar in den Arm.
Und dann Sara.
Oskars Uropa zittert wie Espenlaub
und drückt Schnauf so fest an sich,
dass der Papagei empört aufkrächzt.
Oma Eins ist ganz blass.
Opa Eins fällt fast um.
Die Afrika-Oma hält ihn fest.

Neben der Afrika-Oma steht Tati.
„Es ist ja alles gut gegangen“,
sagt Oskars Mama.
Alle haben zugehört.
Und alle nicken.
Sogar die beiden Polizisten,
die noch dageblieben sind,
weil Sara und Oskar
alles ganz genau erzählen sollen.
Das ist wichtig, damit der Mann
bestraft werden kann.

Sara und Oskar berichten,
was passiert ist.
Am Ende sagt Sara ernst:
„Nie mehr gehen wir
mit jemandem mit,
den wir nicht kennen.“
„Nie mehr“, fügt Oskar hinzu.
Und dann will Sara
nach Hause zu Zwerg Nase.
Saras Mama bedankt sich bei allen.
Danach gehen sie nach Hause.

Auch Oskars Familie geht mit.
„Lumumba, machst du uns
wieder Pfannkuchen?“, fragt Oskar.
„Aber sicher“, antwortet Lumumba
und schnappt sich Sara rechts
und Oskar links.
Ganz fest hält er sie, während sie
die Straße entlanggehen.
„Damit ihr nicht noch mal
verloren geht!“, erklärt er.

Jana Frey, geboren im April 1969 in Düsseldorf, fing schon als Fünfjährige mit dem Schreiben an. Unzählige dieser sehr frühen Werke hat sie aufgehoben. Und seit damals hat sie geschrieben und geschrieben und geschrieben. Sie schrieb zu Hause in Deutschland, aber auch in Amerika und Neuseeland, auf der anderen Seite der Weltkugel. Zwischendurch hat sie Literatur studiert und eine Familie gegründet. Sie veröffentlicht Kinder- und Jugendbücher und arbeitet auch fürs Fernsehen.

Cornelia Haas, geboren in Ichenhausen bei Günzburg, aufgewachsen in der Nähe von Augsburg, machte zunächst eine Lehre als Schilder- und Lichtreklameherstellerin. Da sie jedoch immer schon Bildermalen schöner fand als Schildermalen, trieb sie ihre Leidenschaft nach Münster an die dortige Fachhochschule, um Grafikdesign mit dem Schwerpunkt Illustration zu studieren. Seit einigen Jahren ist sie nun als freischaffende Illustratorin tätig. Sie lebt noch immer in Münster und arbeitet zusammen mit vielen netten Kollegen in der Ateliergemeinschaft Hafenstraße 64.

LESEFANT

Die 3. Stufe der Loewe Leseleiter

In der Reihe Lesefant sorgt eine sympathische Identifikationsfigur in einer durchgehenden Geschichte für spannenden Lesestoff. Die einfache Textgliederung in Sinnzeilen und die vielen farbigen Illustrationen stellen sicher, dass die Leseanfänger nicht überfordert werden, aber dennoch ihre Lesefertigkeit trainieren und verbessern können.

Loewe